CONCETTO DI STRATEGIA OCEANO BLU

Raggiungere il successo attraverso l'innovazione e rendere irrilevante la concorrenza

50MINUTES.com

CONCETTO DI STRATEGIA OCEANO BLU

Raggiungere il successo attraverso l'innovazione e rendere irrilevante la concorrenza

scritto da Pierre Pichère
tradotto par Sara Rossi

CONCETTO DI STRATEGIA OCEANO BLU

INFORMAZIONI CHIAVE

- **Nome:** strategia Oceano Blu.

- **Utilizzi:** business, marketing e innovazione.

- **Perché ha successo?** Allontana l'azienda dalla concorrenza, garantisce le prestazioni e può essere adattata a qualsiasi settore.

- **Parole chiave:** oceano blu, oceano rosso, strategia, innovazione, creazione di nuovi spazi strategici, concorrenza, business.

  - <u>W. Chan Kim</u> (nato nel 1952) è membro del World Economic Forum di Davos ed è considerato dalla Harvard Business Review uno dei pensatori più influenti nel campo del management e del business. È co-direttore del Blue Ocean Strategy Institute presso l'INSEAD (Istituto Europeo di Business Administration) insieme a Renée Mauborgne, dove lavora anche come professore.

  - <u>Renée Mauborgne</u> (nata nel 1963) è una rinomata professoressa di strategia e co-direttrice del Blue Ocean Strategy Institute. Nel 2013 è stata nominata tra i primi cinque professori dei programmi MBA e un anno dopo ha ricevuto il Carl S. Sloane

Award for Excellence, assegnato dall'Association of Management Consultancy Firms per l'eccellenza nella ricerca.

INTRODUZIONE

Nell'odierno ambiente economico internazionale in rapida evoluzione, la creatività sta diventando la chiave per le prestazioni a lungo termine. La necessità di nuove prospettive nelle politiche di innovazione delle aziende porta ad idee innovative. La strategia dell'oceano blu lo illustra perfettamente.

La storia

Questa strategia, definita nel 2005 da W. Chan Kim e Renée Mauborgne nel libro *Blue Ocean Strategy: How to Create Uncontested Market Space and Make the Competition Irrelevant* (tradotto in 43 lingue diverse con 3,5 milioni di copie vendute in tutto il mondo), stravolge le basi teoriche dell'innovazione strategica aziendale. Incoraggia tutti gli attori economici a fare lo stesso - con innovazioni creative chiamate "disruptive" – investendo in tecnologia, conquistando nuovi mercati o addirittura collaborando con altri attori socioeconomici.

Questa strategia deriva da una serie di studi ed è coerente con numerose altre ricerche, in particolare quelle condotte dall'architetto Clayton Christensen (nato nel 1952) e di Michael Raynor (nato nel 1967), amministratore delegato di Deloitte Services LP. Quest'ultimo, suggerisce una serie di strumenti utili a creare un processo sistematico di innovazione.

Nel 2007 è stato aperto il Blue Ocean Strategy Institute, presso il campus di Fontainebleu dell'INSEAD, per approfondire il concetto. Grazie al loro libro, i due autori sono stati insigniti di innumerevoli premi e hanno ottenuto un riconoscimento internazionale sia in ambito economico che in ambito marketing.

Definizione del modello

Il modello oceano blu ridefinisce il modo classico di rappresentare le strategie di sviluppo. Anche Igor Ansoff (1918-2002), con una delle prime pubblicazioni sulla strategia aziendale, *Corporate Strategy* (1965), e Michael E. Porter (nato nel 1947), con il suo modello delle cinque forze per la concorrenza e le catene del valore, fanno parte di questo ripensamento della strategia aziendale. I loro modelli sono ancora oggi utilizzati in diversi settori.

Kim e Mauborgne identificano due tipi di mercati in cui operano gli attori economici:

- i mercati definiti **"oceani rossi"** rappresentano mercati saturi. Le opportunità di crescita sono rare perché sono coinvolti tanti stakeholder, che lottano ferocemente per aumentare la propria quota di mercato. Il colore rosso si riferisce alla concorrenza, ma anche ai fornitori, ai clienti e ai consulenti per gli acquisti che vogliono massimizzare i propri margini e le proprie quote di mercato o altre misure di redditività (a volte a costo di esternalizzazioni, fusioni, falli-menti, ecc.);

- i mercati definiti **"oceani blu"** rappresentano nuovi ambiti in cui le imprese possono svilupparsi da sole, con pochissima (o nessuna) concorrenza, grazie all'innovazione radicale. Questo concetto cambia la struttura del mercato creando una quantità infinita (o "oceano") di nuova domanda. Questo concetto è chiamato dagli autori "innovazione di valore" o, più in generale, "innovazione utile".

Distinguendosi chiaramente dagli approcci classici incentrati sulla differenziazione attraverso la qualità, la leadership di costo o la concentrazione, la strategia dell'oceano blu incoraggia le imprese a liberarsi dai parametri esistenti in termini di domanda e offerta e ad esplorare altri ambienti in cui possono aggiungere nuovo valore e quindi assicurarsi una posizione di leadership.

LA TEORIA ALLA BASE DEL CONCETTO

Distinguendo tra oceani rossi e oceani blu, Kim e Mauborgne propongono un'analisi che riunisce strategia, marketing e innovazione.

OCEANI ROSSI E OCEANI BLU

L'analisi del ciclo di vita di un prodotto, che ha origine nel marketing, è un metodo classico: dopo il lancio arriva la crescita, seguita dalla maturità e poi dal declino. Questo ragionamento tiene conto del volume delle vendite e della durata di vita del prodotto (più rapida è la velocità di innovazione, più breve è il ciclo di vita del prodotto).

Ma che dire della redditività attuale e potenziale? Questo dipende dalla concorrenza, che determina i prezzi, ma anche dalla capacità dell'azienda di gestire i propri costi e di sviluppare strategie di penetrazione, garantendo una forte copertura del mercato. Un prodotto ancora in "fase di crescita" è spesso commercializzato da numerosi venditori. A questo punto inizia la corsa alla riduzione dei prezzi. Questo è precisamente ciò che Kim e Mauborgne chiamano "oceano rosso": uno spazio strategico noto in cui le parti interessate accettano i parametri e competono ferocemente tra loro. È già chiaro che una semplice applicazione di questa tipologia porta a scelte strategiche riguardanti la gamma di prodotti e l'equilibrio finanziario in termini di redditività e crescita a breve, medio e lungo termine.

Nel contesto economico moderno, gli oceani rossi sono sempre più numerosi, poiché la maggior parte dei prodotti è posizionata in mercati maturi. Inoltre, l'apertura internazionale di quasi tutti i mercati incoraggia un numero crescente di soggetti interessati. Questo comporta inevitabilmente una concorrenza che difficilmente viene compensata dalla comparsa di nuovi settori economici dovuta al progresso tecnologico. Kim e Mauborgne sottolineano che la teoria tradizionale del business aiuta i decisori a sopravvivere in un oceano rosso: concentrazione sul core business, outsourcing per abbassare i prezzi di costo, ecc.

La strategia degli oceani blu incoraggia le parti interessate ad abbandonare gli oceani rossi, che non creano sufficiente valore, per spostarsi verso gli oceani blu. In questi nuovi spazi strategici, ogni azienda può svilupparsi da sola e, almeno per un certo periodo, non sarà costretta da una concorrenza eccessiva e da guerre di prezzo.

CAMBIARE GLI OCEANI UTILIZZANDO L'INNOVAZIONE DEL VALORE

La chiave per passare da un oceano rosso a un oceano blu è l'innovazione. Tuttavia, l'innovazione basata esclusivamente sulla tecnologia non è sufficiente. Kim e

Mauborgne chiamano il processo di divisione radicale che porta a un oceano blu "innovazione di valore". Questo concetto funziona sia per le aziende alla ricerca di performance economiche, sia per i clienti che devono essere soddisfatti.

Naturalmente, l'innovazione descritta dai due autori richiede la partecipazione degli attori economici, differenziandosi così dal tradizionale approccio neoclassico, che considera l'innovazione esterna. Si tratta di un passo volontario compiuto dall'impresa, che dovrà rivalutare il suo intero approccio se vuole che la transizione abbia successo. In questo senso, è guidata dagli stessi attori economici. Questo approccio all'innovazione risale a Jean-Baptiste Say (giornalista ed economista, 1767-1832) e continua oggi attraverso una serie di economisti con idee molto diverse, come Karl Marx (1818-1883) e Joseph Schumpeter (1883-1950).

Il nome "innovazione del valore" riflette lo scopo dell'oceano blu: creare più valore, sia per i consumatori, che a loro volta attireranno nuovi clienti, sia per l'azienda, dove le strutture dei prezzi saranno ampiamente ridefinite con l'obiettivo di spostare i parametri di mercato.

RIVALUTAZIONE COMPLETA

Lo sviluppo di una strategia oceano blu richiede un riesame di tutte le premesse di base di un determinato mercato, che gli studi di mercato descrivono analizzando la struttura esistente.

- Se un prodotto è acquistato principalmente da uomini, come si può renderlo attraente per le donne?

- Se la distribuzione avviene esclusivamente tramite terzi, è possibile rivolgersi direttamente al cliente finale?

- Se viene utilizzato solo dagli esperti, esiste un modo per renderlo popolare?

Innovazione non significa quindi aumento dei prezzi, come spesso accade con le innovazioni basate sulla tecnologia. Il riposizionamento di un prodotto sul mercato, ampliandone il pubblico, può portare a un aumento sostanziale del numero di unità vendute, che quindi abbassa il prezzo dividendo i costi fissi. Inoltre, ripensare gli usi di un prodotto può consentire che si eliminino alcune opzioni o caratteristiche precedentemente ritenute essenziali, riducendo così il prezzo finale. Tuttavia, la strategia dell'oceano blu non porta automaticamente a una riduzione dei prezzi, anche se spesso è così. Si pensi, ad esempio, a come i PC abbiano sostituito i mainframe del passato o a come i nostri smartphone stiano sempre più sostituendo i telefoni fissi.

ESCLUDERE, RAFFORZARE, RIDURRE E CREARE

La strategia dell'oceano blu comporta lo "spostamento del cursore". Una volta definiti i parametri del mercato dell'azienda, è necessario determinare ciò che deve essere rafforzato, ciò che deve essere ridotto, ciò che deve essere escluso e, infine, ciò che deve essere creato (anche se quest'ultimo fattore non è stato inizialmente incluso nell'elenco).

Questo approccio può essere illustrato con un esempio tratto dall'industria automobilistica. Nel 1998, Louis Schweitzer, allora proprietario di Renault, annunciò un'innovazione radicale per il mercato automobilistico: un'auto a basso costo. Questa iniziativa portò alla creazione del modello Logan. Inizialmente destinato ai mercati dell'Europa orientale, il veicolo ebbe successo anche in Francia, che divenne il primo paese a importare la Logan, prodotta negli stabilimenti Dacia in Romania.

Questo successo è derivato da una strategia di ridefinizione del modello. In generale, l'industria automobilistica è caratterizzata da una corsa verso il "meglio": veicoli più grandi, più comfort, più sicurezza, più funzioni e, quindi, prezzi più alti. Ottimizzando le sinergie tra i diversi veicoli negli stabilimenti Dacia acquistati nel 1999 e allontanandosi dall'idea di un veicolo di lusso, Renault ha scoperto il segreto del successo. La Logan è stata commercializzata a 4500 euro nelle economie emergenti e a 7500 euro in Francia, dove i consumatori volevano il minor numero possibile di opzioni.

Tuttavia, basso costo non significa qualità. Pur non avendo il cruscotto in noce, la Logan è estremamente robusta, poiché si rivolge a mercati in cui le condizioni stradali sono spesso tutt'altro che ideali o in cui la manutenzione dei veicoli è molto meno sviluppata rispetto ai paesi occidentali.

Allo stesso modo, Renault si è distaccata dal passato non limitando le sue auto meno costose a piccoli modelli da città (come la Twingo degli anni '90 o la Smart). Con la Logan, Renault ha offerto un'auto familiare con molto spazio all'interno e un ampio bagagliaio.

Ridefinendo la sua strategia, Renault ha attirato più clienti del previsto: oltre a raggiungere il suo mercato target nelle economie emergenti, la Logan ha attratto anche i consumatori francesi che, a causa dei loro budget limitati, avrebbero altrimenti dovuto acquistare l'usato. L'auto a basso costo ha conquistato quella fetta di mercato che non si preoccupa particolarmente dell'aspetto del veicolo, ma che cerca soprattutto un buon equilibrio tra qualità e prezzo.

LIMITI ED ESTENSIONI DEL MODELLO

Il rigore scientifico della strategia dell'oceano blu sembra discutibile sotto certi aspetti e alcuni ritengono che sarebbe meglio considerarla come un modo attraente di mettere in prospettiva i successi di alcune aziende. Inoltre, esiste un numero virtualmente infinito di altre teorie volte a comprendere le strategie delle aziende di successo, come descrive il famoso libro di Thomas J. Peters del 1982, *In Search of Excellence*.

STRATEGIA OCEANO BLU: UNA GUIDA PIUTTOSTO CHE UN METODO RIVOLUZIONARIO?

La Strategia Oceano Blu non è esente da critiche. Sebbene offra un gran numero di esempi tratti da ogni settore dell'economia, che ne facilitano la lettura, alcuni vedono in questa ampia gamma di riferimenti un'indicazione della relativa debolezza della teoria. Altri sottolineano anche l'approccio deduttivo utilizzato da Kim e Mauborgne che, secondo questa critica, hanno preso come punto di partenza una serie di successi spettacolari per poi cercare un'idea generale che li comprendesse tutti. In questa interpretazione, la strategia dell'oceano blu è una lettura retrospettiva piuttosto che un metodo innovativo ed efficace per sviluppare un approccio creativo al mercato, anche se gli autori raccomandano degli step per passare da un oceano rosso a un oceano blu. In questo modo, ogni successo aziendale potrebbe essere interpretato come l'applicazione, consapevole o meno, della strategia dell'oceano blu. Gli esempi tratti dalla storia dell'imprenditoria, che vanno da Henry Ford (costruttore americano, 1863-1947) a Guy Laliberté (fondatore del Cirque du Soleil, nato nel 1959), sembrano portare a questa conclusione, dal momento che le persone hanno praticato questo metodo in passato senza saperlo.

Dal punto di vista delle scienze sociali, manca coesione tra gli esempi, il che rende i confronti fatti nel libro scientificamente discutibili. I punti di partenza delle diverse imprese utilizzate come esempio erano simili? Inoltre, la situazione iniziale dell'oceano rosso non è descritta nel libro, poiché non esiste un numero relativo o assoluto di operatori in un mercato o criteri in termini di concorrenza che indichino che un'azienda sta entrando in un oceano rosso. Allo stesso modo, l'oceano blu è scarsamente misurabile, il che può avere conseguenze disastrose se un'azienda si lancia nell'ignoto optando per l'innovazione senza sapere se questa sarà accettata e sostenuta dai clienti.

L'innovazione del valore, che è al centro della strategia raccomandata dagli autori, non è sufficientemente definite. Questo rende più difficile la sua affermazione come nuovo concetto. Gli esempi stessi dimostrano questa debolezza. Sono tratti da una serie di ambiti, quali il marketing, il packaging e la pubblicità, l'organizzazione aziendale e l'innovazione tecnologica e scientifica. L'innovazione di valore potrebbe quindi essere riassunta come una combinazione di valore aggiunto per l'azienda e prezzi più bassi per il cliente. Tuttavia, la domanda se questo sia il risultato dell'innovazione tecnologica o di un migliore posizionamento sul mercato rimane senza risposta. L'impatto dell'innovazione di valore sembra poco chiaro, poiché questo concetto potrebbe comprendere una rivoluzione a livello di prodotto e l'adozione di una comunicazione più efficace con i consumatori.

Alcuni critici hanno anche delle riserve sul metodo stesso. Secondo questa linea di pensiero, basandosi su un'interpretazione dettagliata della curva del valore, la strategia dell'oceano blu non consente innovazioni rivoluzionarie, ma porta solo a innovazioni incrementali, ovvero al miglioramento di prodotti o dei processi esistenti. Infatti, l'approccio di Kim e Mauborgne si basa sull'utilizzo di ciò che già esiste per immaginare qualcosa di nuovo, mentre l'innovazione radicale può avvenire solo se le imprese si allontanano completamente dalla situazione attuale. Come vedremo in seguito, i due autori si ispirano molto ai clienti attuali e potenziali delle aziende per elaborare la nuova offerta. Tuttavia, alcune innovazioni, in particolare quelle più radicali, sono accolte con scetticismo. In effetti, non sempre l'innovazione riceve un'approvazione immediata da parte del pubblico. Nella sua critica alla strategia dell'oceano blu, il consulente per l'innovazione Benoît Sarazin (specialista del "marketing dell'incerto") ricorda che Nestlé ha impiegato 15 anni per far conoscere Nespresso e che Guy Laliberté non ha avuto un successo immediato con il Cirque du Soleil. Il metodo non è quindi una ricetta infallibile per il successo.

INNOVAZIONE, DALL'ECONOMIA ALL'IMPRESA: MODELLI CORRELATI

Sebbene intendano perfezionare la teoria dell'innovazione, Kim e Mauborgne seguono innegabilmente le orme di Joseph Schumpeter (1883-1950), il pensatore del concetto di distruzione creativa. Questo economista ha affrontato tutti gli aspetti dell'innovazione, sia in termini di organizzazione aziendale del lavoro e della produzione, sia in termini di opportunità di mercato per i prodotti. In modo simile, la strategia dell'oceano blu porta alla distruzione (o almeno alla riduzione) di mercati vecchi e maturi a favore di mercati di nuova creazione. Oltre alla teoria del ciclo di vita del prodotto già citata, possiamo considerare anche il rischio di cannibalizzazione. Nell'ambito di una strategia di marketing per la gestione di una gamma di prodotti, questo può causare una riduzione delle vendite o della quota di mercato dei prodotti esistenti, indipendentemente dal settore di attività: è quindi essenziale valutare se il profitto generato dal nuovo prodotto sarà maggiore delle potenziali perdite sui prodotti esistenti. L'azienda è essenzialmente in concorrenza con se stessa. Tuttavia, questa cannibalizzazione può rivelarsi una buona strategia per un'estensione del marchio (ad esempio, Marlboro), in quanto consente all'azienda di entrare e trarre profitto da un nuovo mercato. In questo scenario, possiamo intravedere il sogno dell'oceano blu.

Oceano rosso e oceano blu ricordano i concetti di innovazione incumbent e disruptive proposti da Michael E. Raynor e Clayton M. Christensen nel loro primo libro,

The Innovator's Dilemma: When New Technologies Cause Great Firms to Fail (1997). Secondo loro, l'innovazione degli incumbent migliora i prodotti esistenti, mentre l'innovazione disruptiva elimina la concorrenza creando un nuovo mercato. Questo approccio si sposa bene con quello della strategia dell'oceano blu. L'innovazione incumbent corrisponde agli sforzi compiuti dagli attori economici per sopravvivere in un oceano rosso, mentre l'innovazione disruptiva assomiglia alle conseguenze positive per le imprese che hanno raggiunto l'oceano blu.

APPLICAZIONE

La strategia dell'oceano blu è un sistema che prevede diverse fasi.

CONSIGLI E BUONE PRATICHE

Sei domande per avvicinarsi all'oceano blu

Kim e Mauborgne individuano sei questioni centrali legate alla creazione di una strategia oceano blu:

- **Quali alternative ci sono sul mercato?** Questo comporta l'adozione del punto di vista del cliente per determinare le opzioni disponibili. Due prodotti diversi, che i loro produttori possono ritenere del tutto indipendenti, possono trovarsi in concorrenza a causa delle intenzioni di acquisto del cliente. Ad esempio, le vacanze e i lavori in casa sono spese apparentemente slegate che tuttavia hanno un impatto l'una sull'altra: l'anno in cui una famiglia ristruttura una stanza della casa, quasi certamente spenderà meno per le vacanze estive.

- **Quali sono gli interessi dei gruppi strategici coinvolti?** Si tratta di dare priorità alle preoccupazioni fondamentali dei diversi gruppi strategici coinvolti. In genere sono due: il prezzo e la performance.

- **Come si compone la catena di acquirenti e utenti?** Alcune aziende vendono direttamente agli utenti, mentre altre vendono attraverso terzi. Rompere questa catena potrebbe essere il modo per raggiungere un oceano blu. È quello che ha fatto Nespresso creando una propria linea di negozi di fascia alta piuttosto che vendere le sue cialde di caffè attraverso le reti tradizionali (grande distribuzione alimentare).

- **Quali sono i prodotti e i servizi complementari?** Questa domanda è importante perché consente alle aziende di attuare un sequenziamento strategico di successo prevedendo la sequenza nel suo complesso. Il successo di Apple all'inizio degli anni 2000 è dovuto alla consapevolezza che i contenuti (soprattutto download digitali) erano un'offerta fondamentale accanto ai suoi prodotti (iPod, ecc.).

- **Qual è il contenuto funzionale o emotivo del settore?** Aggiungere valore o, al contrario, spogliare un prodotto del suo eccessivo peso simbolico, fa parte della ricerca di un oceano blu. Nespresso, che è riuscita a far sembrare lussuose le sue cialde di caffè, ne è un esempio chiave.

- **Quali sono le principali tendenze che determinano il comportamento dei consumatori?** La tutela dell'ambiente e la ricerca di una realizzazione personale sono le principali tendenze delle società contemporanee, che costituiscono una fonte di ispirazione essenziale per immaginare prodotti e servizi blue ocean.

Stimolazione e creatività: un percorso in 4 fasi

Kim e Mauborgne propongono poi un metodo per applicare la strategia dell'oceano blu all'interno di un'azienda. Essi individuano quattro fasi chiave:

- **Il risveglio visivo** comporta la progettazione della curva del valore. Per ogni criterio che compone l'offerta, l'azienda traccia i suoi punti di debolezza e di forza rispetto alla concorrenza. Questa prima fase serve soprattutto a creare consenso tra i team dell'azienda, utilizzando la rappresentazione per sottolineare la necessità di un cambiamento che porti alla creazione di valore. Inoltre, posiziona l'azienda rispetto ai suoi concorrenti. La differenziazione è marcata o inesistente? Il percorso seguito dalle due curve lo chiarirà.

- **L'esplorazione visiva** consiste nell'andare sul campo per valutare il potenziale innovativo da sviluppare. Un'azienda non può avere un impatto su un mercato se non conosce i suoi consumatori. Consultare regolarmente i clienti è essenziale, ma non è sufficiente. Il cliente non è necessariamente l'utilizzatore del prodotto. Poiché la strategia dell'oceano blu mira ad ampliare la base di clienti esistenti, vale la pena parlare anche con clienti non collegati per conoscere le loro abitudini e aspettative.

- **Le fiere strategiche visive** organizzate tra membri dell'azienda e partecipanti esterni (clienti, clienti target, partner, ecc.), consentono di valutare la pertinenza dei criteri di offerta. L'obiettivo è costruire una strategia basata su elementi diversi dall'intuizione e superare gli ostacoli interni, come la resistenza al cambiamento.

- **La comunicazione visiva** avviene una volta definita la strategia. L'intero team deve essere coinvolto nella rivoluzione dell'azienda. Così come la comprensione dei limiti esistenti è stata resa nota dalla curva del valore, anche questa fase richiede un diagramma. In questo modo sarà più facile visualizzare i nuovi obiettivi e far sì che tutti, a prescindere dal loro livello gerarchico, si riconoscano nella strategia dell'oceano blu.

Prodotti pionieri, migratori e colonizzatori

Tra gli strumenti proposti da Kim e Mauborgne, l'analisi dei prodotti dell'azienda si è rivelata utile per la costruzione della strategia. Gli autori suggeriscono che i prodotti vengano suddivisi in tre categorie:

- **I colonizzatori** sono i prodotti che seguono le norme del settore. Questi prodotti o servizi sono conformi alla curva di valore più attuale e le loro prospettive future sono molto limitate nei nostri mercati in rapida evoluzione. Appartengono all'oceano rosso;

- **I pionieri** sono i prodotti che creano un valore senza precedenti. Nei prossimi anni si prevede un consumo di massa e una forte crescita. Incarnano l'oceano blu;

- **I migratori** si collocano tra le due categorie precedenti. Pur aggiungendo valore al cliente e all'azienda, non sono abbastanza innovativi da rimanere stabilmente nell'oceano blu.

Raggiungere nuovi clienti

Attirare nuovi clienti è il cuore della strategia dell'oceano blu. Per sopravvivere in un oceano rosso, le aziende sono spinte a ridurre la quota di mercato dei loro concorrenti. Tuttavia, anche se i clienti passano da un'azienda all'altra, le dimensioni del mercato rimangono invariate. Al contrario, la strategia dell'oceano blu cerca di espandere il mercato, respingendone i confini, grazie all'inclusione di clienti appartenenti a categorie che, fino a quel momento, non acquistavano questo tipo di prodotto o utilizzavano questo tipo di servizio.

Esistono tre diversi tipi di non-clienti:

- **I "prossimi" non clienti** acquistano occasionalmente i beni o i servizi offerti dall'azienda, ma aspettano un'offerta migliore. Più ce ne sono, più il mercato è fragile. In questo modo, la catena alimentare britannica Prêt à Manger attrae una clientela professionale che in precedenza si rivolgeva ai ristoranti tradizionali perché non c'era niente di meglio disponibile;

- **I non-clienti "che rifiutano"**, noti anche come "non-clienti dispregiativi" (Kotler e Keller, 2006), non utilizzano mai i prodotti o i servizi del mercato in esame, forse perché sono contrari o perché non possono permetterseli. Ad esempio, le persone che vivono nei centri urbani non sono aperte ai veicoli di tipo 4x4 perché hanno la reputazione di essere molto inquinanti e difficili da parcheggiare in città;

- **I non clienti "inesplorati"** non sono immediatamente interessati a questo mercato perché i responsabili delle decisioni non si sono mai presi la briga di rivolgersi a loro. Tuttavia, potrebbero essere potenziali clienti.

CASO DI STUDIO: LA WII, L'OCEANO BLU DI NINTENDO

Nel 2006 Nintendo ha lanciato la console Wii. Questa console di gioco ha registrato una rapida crescita che ha generato profitti sostanziali per l'azienda per diversi anni. Sebbene le vendite della console siano state molto buone, il successo è stato più evidente per quanto riguarda i videogiochi stessi. Wii Sports ha venduto più di 80 milioni di copie, molto più dei suoi concorrenti. L'approccio di Nintendo può essere descritto come una strategia dell'oceano blu, perché ha portato a grandi cambiamenti nella tecnologia e ha anche ridefinito le politiche di prezzo e i confini del mercato.

La Wii secondo le sei domande della strategia dell'oceano blu

- **Quali alternative ci sono sul mercato?** Piuttosto che posizionarsi rispetto ai suoi concorrenti sul mercato dei videogiochi, Nintendo si è interessata alle attività di svago della popolazione. Infatti, poiché le attività artistiche, creative e quelle della salute e il fitness sono stati settori importanti a partire dagli anni 2000, l'azienda ha deciso di creare un proprio mercato. Per farlo, ha unito la sua esperienza nelle console di gioco con lo sviluppo di nuovi usi: sport (il gioco Wii Sports ha venduto oltre 80 milioni di copie), ballo, mantenimento della forma fisica, musica, ecc. Tutte queste attività virtuali sono rese possibili dalla tecnologia Wii, che si basa sul rilevamento del movimento invece che sul joystick tradizionale.

- **Quali sono gli interessi dei gruppi strategici coinvolti?** In termini di prezzo, la Wii è stata posizionata al di sotto dei suoi principali concorrenti, che hanno dovuto gradualmente allinearsi. Questa strategia ha ampliato il mercato dei videogiochi, rivolgendosi a un pubblico più anziano e meno vincolato. Il prodotto, benché innovativo nelle sue funzionalità, è di qualità inferiore in termini di alcuni componenti rispetto ai suoi concorrenti, la PS3 e la Xbox. Questa riduzione degli standard abbassa i prezzi limitando leggermente le possibilità tecnologiche, che sono meno importanti per una console creata per tutte le età, con giochi meno incentrati sulla velocità e sull'alta risoluzione.

- **Come si compone la catena di acquirenti e utenti?** Azienda produttrice di videogiochi sin dalla sua fondazione alla fine del XIX secolo, Nintendo ha scelto di rivolgersi direttamente ai suoi utenti, senza passare attraverso terzi, per vendere i giochi disponibili per la Wii. Questo tipo di sviluppo è possibile ora che l'uso di Internet è diventato molto più diffuso. Nel 2006, contemporaneamente al lancio della sua rivoluzionaria console di gioco, Nintendo ha sviluppato anche il Wii Shop, che permetteva agli utenti di guadagnare punti fedeltà grazie ai loro acquisti di gioco.

- **Quali sono i prodotti e i servizi complementari?** Due prodotti complementari hanno contribuito al successo della Wii: gli accessori e i giochi. Il Wiimote, un telecomando per la Wii, comunica con la console tramite Bluetooth. Dotato di un accelerometro, trasmette alla console i movimenti del giocatore: salti, movimenti laterali, torsioni, ecc. In seguito sono apparsi altri accessori, tra cui un microfono e una tavoletta da disegno, che permettono agli utenti di divertirsi con giochi da tavolo come Pictionary sulla console, rivolgendosi in questo modo al mercato familiare. Nintendo si è naturalmente assicurata di vendere i prodotti Wii più popolari, come Mario Bros. e Zelda. Infine, elemento centrale del suo successo, i cardiofrequenzimetri e la Wii balance board, che riconosce i movimenti dei piedi, possono trasformare la casa del giocatore in una palestra, utilizzando la console come istruttore. In questo modo la console si colloca a metà strada tra il gioco e il fitness.

- **Qual è il contenuto funzionale o emotivo del settore?** I videogiochi hanno un contenuto sia tecnologico che culturale. L'evoluzione osservata dai primi modelli di console negli anni '70 è stata enorme e molto rapida. Vale la pena notare che la Wii è già stata sostituita da altri prodotti. Lo sviluppo assomiglia a quello dei computer, passando da grandi unità centrali a dispositivi portatili e tablet touch screen. Tuttavia, il videogioco ha anche una risonanza culturale: ad esempio, i primi giochi, molti dei quali prodotti da Nintendo, sono diventati punti di riferimento per la generazione cresciuta negli anni ottanta. I mondi di Space Invader, Mario Bros. o Zelda sono parte integrante dell'immaginario collettivo. I giochi più contemporanei creano comunità di giocatori che si scambiano informazioni e stringono relazioni virtuali. Nintendo è riuscita a mantenere questa forte dimensione culturale con i suoi giochi per Wii, ma si è allontanata da questa cultura tecnologica per ampliare la sua offerta. Di conseguenza, i giocatori sessantenni non sentono la nostalgia del mondo di Super Mario. Per incoraggiarli ad acquistare una console di gioco, è necessario offrire prospettive alternative e porre l'accento più sulla funzionalità che sulla tecnologia. La navigazione e il display della Wii sono stati notevolmente semplificati, mettendo l'utente a proprio agio indipendentemente dal suo livello di conoscenza tecnologica.

- **Quali sono le principali tendenze che determinano il comportamento dei consumatori?** Nei giochi offerti per la Wii, Nintendo è riuscita a cogliere le principali tendenze delle società occidentali. L'invecchiamento della società, più accentuato in Giappone che altrove, ha ispirato lo sviluppo di questa console, più universale rispetto alle sue concorrenti. Anche il programma di allenamento cerebrale del dottor Kawashima (nato nel 1959) riscuote un notevole successo, grazie alla domanda dei clienti più anziani. Lo sviluppo personale e l'espressione di sé attraverso la creatività e il corpo sono entrambe aspirazioni importanti nella società contemporanea. Per diversi anni, la Wii è stata in grado di sfruttare queste tendenze fornendo un nuovo prodotto che offrisse più valore al cliente - una console di gioco che permette agli utenti di mantenersi in forma fisicamente e mentalmente - con bassi costi di produzione. In questo modo, Nintendo è stata in grado di generare profitti dalla Wii, e non solo attraverso le vendite di giochi. Nel frattempo, alcuni dei suoi concorrenti hanno avuto meno successo e sono stati costretti a vendere le loro console in perdita e a recuperare il ritardo con prodotti e servizi correlati.

La Wii e i suoi tre tipi di non clienti

Il successo della Wii è il risultato di un'eccellente analisi dei non clienti che ha respinto i confini del mercato. Nintendo avrebbe potuto accontentarsi di lottare per ottenere e mantenere un vantaggio tecnologico o di costo, che le avrebbe permesso di aumentare la sua quota di mercato. Tuttavia, questo vantaggio sarebbe stato probabilmente solo temporaneo, poiché i concorrenti avrebbero risposto rapidamente. Per questo motivo non ha lottato per i "futuri" non clienti, cioè per coloro che possono passare da un fornitore all'altro a seconda dei prodotti e dei servizi offerti.

Nintendo è riuscita ad attirare i clienti "rifiutanti", anche se, come la televisione da qualche anno, i videogiochi generano polemiche. Sono accusati di creare dipendenza tra i giovani e di abituarli alla violenza estrema. Tuttavia, è difficile muovere queste critiche a Wii Sports, che permette agli utenti di praticare il tennis o il bowling nel proprio salotto. Questo gioco ha venduto 80 milioni di unità, diventando il videogioco più acquistato della storia, superando anche Super Mario Bros. che ha venduto solo 40 milioni di unità.

Infine, Nintendo ha attirato clienti "inesplorati", che non avevano mai esplorato il mondo dei giochi. Utenti non particolarmente appassionati di grafica o tecnologia, tra cui adulti e anziani, hanno trovato nella Wii qualcosa per rilassarsi e divertirsi. Questo fenomeno sarebbe sembrato impensabile fino a pochi anni prima.

Nel 2012, Nintendo ha cercato di ripetere la sua performance lanciando la Wii U, destinata a prendere il posto della Wii. Purtroppo, sembra che l'ambiente si sia sviluppato molto in sei anni, soprattutto grazie all'uso di tablet e smartphone con schermo tattile. L'accesso ai giochi è ormai così diffuso che meno persone utilizzano le console, che sono ormai appannaggio di un pubblico più ristretto di appassionati. Cosa riserva il futuro a questa azienda innovativa?

SINTESI

- La strategia dell'oceano blu è un nuovo modello di gestione aziendale orientato alla performance,

- In un mondo sempre più competitivo, le aziende si logorano nel tentativo di avere la meglio sui concorrenti, il che ha portato a un numero crescente di fallimenti;

- Questa strategia innovativa, teorizzata da W. Chan Kim e Renée Mauborgne, professori dell'INSEAD, descrive come le imprese possano liberarsi dalla feroce concorrenza nei mercati "oceano rosso" trovando mercati "oceano blu" dove potersi sviluppare da sole (per un po');

- La metafora degli oceani rossi (settori con forte concorrenza) e degli oceani blu (mercati di nicchia con poca concorrenza) ci permette di descrivere il mercato nel suo complesso;

- Il passaggio da un oceano rosso a un oceano blu avviene attraverso l'innovazione del valore, che aumenta il valore d'uso per il cliente e allo stesso tempo migliora il modello economico dell'azienda. Questo può anche portare a una riduzione dei prezzi di vendita;

- La strategia dell'oceano blu si basa sullo spostamento dei parametri di mercato, sul riesame dei valori e delle convinzioni dell'azienda e sull'attrazione di clienti che prima non conoscevano questo mercato, modificando i metodi di posizionamento e distribuzione;

- In periodi di incertezza finanziaria e di grande preoccupazione per la riduzione dei costi, è importante prendere in considerazione i rischi finanziari e tecnici legati al mercato. In effetti, è difficile per la mente umana allontanarsi da ciò che già esiste per immaginare qualcosa di completamente nuovo, ovvero nuove idee radicali che gli economisti chiamano innovazioni dirompenti. È quindi impossibile prevedere la reazione dei consumatori;

- Infine, sebbene la strategia dell'oceano blu sottolinei l'importanza dell'innovazione e della creazione di mercati, che sono molto rilevanti nel contesto attuale, non spiega perché così poche aziende utilizzino questo approccio. Infatti, la maggior parte delle imprese si limita a ottimizzare i servizi e i prodotti esistenti.

ULTERIORI LETTURE

BIBLIOGRAFIA

Cazals, F. (2009) Strategia Océan bleu della Wii. *Stratégies innovantes.* [Online]. [Consultato il 23 maggio 2014]. Disponibile da Internet Archive: < http://cazals.fr/strategie-ocean-bleu-de-la-wii/>

Déméter et Kotler. (2012) *Océan bleu et océan rouge.* [Online]. [Consultato il 23 maggio 2014]. Disponibile da: < http://demeteretkotler.com/2012/07/11/ocean-bleu-ocean-rouge/>

Sito web dell'*INSEAD Blue Ocean Strategy Institute.* http://www.insead.edu/blueoceanstrategyinstitute/home/index.cfm

Kim, W. C. e Mauborgne, R. (2015) *Strategia dell'oceano blu: How to Create Uncontested Market Space and Make the Competition Irrelevant.* Brighton, Massachusetts: Harvard Business Publishing.

Kotler, P. e Keller, K. L. (2015) *Marketing Management.* Harlow, Essex: Pearson Education Limited.

Roland, O. (2010) Stratégie Océan Bleu. *Des Livres pour changer la vie.* [Online]. [Consultato il 23 maggio 2014]. Disponibile da: < http://www.des-livres-pour-changer-de-vie.fr/strategie-ocean-bleu/>

Sarazin, B. (2013) Pourquoi la méthode Blue Ocean ne suffit pas. *Il blog dell'innovazione di rottura.* [Online]. [Consultato il 23 maggio 2014]. Disponibile da: < http://benoitsarazin.com/francais/2013/10/methode-blue-ocean-suffit-pas.html>

Tabatoni, P. (2005) *Innovation, désordre, progrès*. Parigi: Economica.

Timos, L., Ghoggal, M. e Poubady, B. (Senza data) Analisi strategica del marketing: Nintendo Wii. *Laurent Timos*. [Online]. [Consultato il 23 maggio 2014]. Disponibile da: < http://www.laurent-timos.esy.es/mes-projets/dut-src/>

Vogliamo sapere da voi!
Lasciate un commento sulla vostra biblioteca online
e condividete i vostri libri preferiti sui social media!

Master ISBN: 9782808064668
ISBN cartaceo: 9782808064958
Deposito legale: D/2022/12603/82

Design digitale: Primento,
il partner digitale degli editori.